ANALISI DEL LIBRO

AF131991

La peste

• • • • • • • • • • • • • •

ALBERT CAMUS

ANALISI DEL LIBRO

Scritto da Lucile Lhoste
Tradotto da Sara Rossi

La peste

ALBERT CAMUS

ALBERT CAMUS

SCRITTORE, DRAMMATURGO, SAGGISTA E FILOSOFO FRANCESE

- **Luogo e data di nascita; Mondovì (Algeria), 1913**
- **Luogo e data di morte: Villeblevin, 1960**
- **Opere principali:**
  - *Lo straniero* (1942), romanzo
  - *Il mito di Sisifo* (1942), saggio
  - *La peste* (1947), romanzo

Francese nato in Algeria e premio Nobel, Albert Camus (1913-1960) è stato uno dei maggiori scrittori del XX secolo. Intellettuale politicamente impegnato, filosofo, giornalista, drammaturgo e romanziere, ha segnato la sua epoca con la riflessione sull'assurdo, che ha sfumato e reso più sensibile e umano.

Ampiamente ammirato e talvolta criticato, Camus ha ricevuto una notevole attenzione in tutto il mondo con i suoi romanzi "*La peste*" (1947) e, in particolare, "*Lo straniero*" (1942). Morì prematuramente nel 1960 a causa di un incidente stradale.

LA PESTE

L'INIZIO DELLA RIVOLTA

- **Genere**: romanzo
- **Edizione di riferimento**: Camus, A. (1972) *La Peste*. Parigi: Gallimard.
- **Prima edizione**: 1947
- **Temi**: epidemia, isolamento, morte, caos, minaccia, rivolta

"La Peste" racconta gli sforzi del dottor Rieux e di altri abitanti per fermare un'epidemia di peste che colpisce la città di Orano negli anni Quaranta.

Il romanzo, pubblicato nel 1947 (il primo grande successo dell'autore nelle librerie), segna un'importante evoluzione nell'opera e nel pensiero di Camus, che si distacca dal ciclo dell'Assurdo (*Lo straniero*, *Il mito di Sisifo*, *Caligola* e *L'equivoco*) e inizia a indagare quello della rivolta (*La peste*, *I giusti assassini*, *Il ribelle*).

SINTESI

"La Peste" ha la forma di una cronaca scritta da un misterioso narratore, la cui identità viene rivelata alla fine della storia (il dottor Bernard Rieux, il protagonista principale). Racconta i curiosi eventi (fittizi) accaduti a Orano all'inizio degli anni '40 (l'anno esatto non è indicato).

LA COMPARSA DI UNA MALATTIA MISTERIOSA

Tutto ha inizio un giorno di aprile del 1940, quando il dottor Bernard Rieux, uscendo di casa, inciampa in un topo morto. Dopo aver accompagnato la moglie alla stazione (è malata e deve lasciare la città per curarsi), Rieux inizia le sue visite. Il giorno seguente, dopo aver parlato con i suoi pazienti, i suoi colleghi (il dottor Richard, tra gli altri) e i suoi vicini, si rende conto che i ratti stanno invadendo la città e muoiono all'aperto. Una telefonata di un ex paziente, Joseph Grand, lo porta a incontrare Cottard, un rappresentante di commercio che ha tentato di impiccarsi. Cottard va nel panico al pensiero di dover parlare con un commissario di polizia. Rieux lo rassicura e riprende le sue visite.

I topi continuano a morire e il numero di topi morti aumenta fino alla fine del mese, per poi arrestarsi improvvisamente. Rieux si accorge allora che alcuni pazienti (come il signor Michel, il suo portinaio) sono affetti da una strana malattia che li uccide nel giro di pochi giorni. I casi aumentano, le autorità sono lente a reagire e l'intera città è in uno stato di ansia febbrile. Rieux scopre la verità: la peste sta decimando Orano. Avverte quindi il prefetto, ma le autorità non vogliono spaventare la popolazione; quindi, vengono prese solo piccole misure per limitare il contagio.

UN'EPIDEMIA

La chiusura delle porte della città segna l'inizio di un "lungo periodo di esilio" (p. 71), che modifica gradualmente il comportamento degli abitanti.

Alcuni si dimostrano solidali e cercano di lottare contro la peste, come il dottor Rieux che lavora fino alla morte e si rifiuta di arrendersi.

- Jean Tarrou (un pensionato benestante la cui testimonianza viene raccontata dal narratore) assiste Rieux e partecipa alla formazione di educazione sanitaria messa in atto dalla città.

- Raymond Rambert, un giornalista parigino separato dalla fidanzata, lo copia quando si rende conto di non poter beneficiare delle poche misure eccezionali che gli permetterebbero di lasciare la città.

- Anche Joseph Grand, dipendente del comune, accetta di dedicare il suo tempo libero per coordinare gli sforzi di medici e volontari.

Tuttavia, altri sono più riluttanti a offrire il loro sostegno:

- Cottard, che trova una strana soddisfazione nelle disgrazie dei suoi concittadini, approfitta addirittura della situazione comprando e vendendo al mercato nero.

- Padre Paneloux cerca di dare un senso alla peste durante una predica nella cattedrale: la peste è un avvertimento di Dio. Rieux non ci crede. Esausto, il medico continua stoicamente la sua lotta.

Durante l'estate, l'epidemia si amplifica e la morte diventa un fatto comune: i corpi vengono sbarazzati in fretta e chi cerca di fuggire dalla città viene fucilato. Il dolore acuto lascia il posto allo sconforto e la gente si rassegna a vivere nel presente, senza speranza e senza memoria. L'amore abbandona i cuori degli abitanti. La peste appare come un flagello monotono che non lascia spazio all'eroismo, come "un interminabile calpestio che schiaccia tutto ciò che incontra" (p. 181).

LA RIVOLTA DEL DOTTOR RIEUX

Arriva l'autunno e il numero di morti continua ad aumentare. Rieux diventa indifferente alla sofferenza che vede ogni giorno, ma non abbandona la sua lotta.

L'agonia e la morte di un innocente (il giovane figlio del giudice Othon) lo indignano. Padre Paneloux cerca di fargli capire la volontà di Dio. Rieux perde le staffe, poi si scusa e riconosce che devono lavorare insieme. Tuttavia, pochi giorni dopo, dopo una predica piena di dubbi, padre Paneloux muore senza aver visto un medico ed è impossibile dire se sia stata la peste a causarne la morte.

In questo periodo, Rieux si confida un po' con chi gli sta vicino. Parla a Grand di sua moglie, dalla quale riceve notizie frammentarie via telegramma. Discute apertamente della felicità apparentemente egoistica dell'amore di Rambert per la sua compagna e ammette di non biasimarlo per aver voluto lasciare la città, ma Rambert rinuncia al suo piano: anche se non c'è vergogna nel voler essere felici, "ci può essere vergogna nell'essere felici da soli" (p. 208). La vergogna, tuttavia, non sembra colpire Cottard che continua a fare affari e sembra rallegrarsi di non essere più l'unico a soffrire.

Il giorno di Ognissanti, non molto tempo dopo la morte del dottor Richard (il cui ingenuo ottimismo non era bastato a fermare l'epidemia), Tarrou conquista l'amicizia di Rieux e gli confida i suoi pensieri: gli chiede se crede che sia possibile essere "un santo senza Dio" (p. 253). Il medico risponde che non gli interessa l'eroismo o la santità; cerca semplicemente di essere un uomo. Entrambi sfuggono per qualche istante alla peste e all'assurdità della loro lotta facendo un bagno rinfrescante in mare. A Natale, Grand si ammala, ma non soccombe. L'inverno sembra far regredire la peste: i topi ricompaiono, vivi.

LA MINACCIA PERSISTENTE

A metà gennaio, la speranza rinasce, anche se tra il tripudio generale c'è ancora chi muore: il giudice Othon, poi Tarrou, che Rieux aveva cercato di salvare portandolo a casa sua. Il giorno dopo, il dottore apprende la notizia della morte della moglie con un telegramma. A febbraio, la città riapre le porte e Rambert si riunisce al suo compagno. Cottard, che tenta vanamente di sfuggire alla polizia (non viene detto il motivo della sua colpa), inizia a sparare sulla folla dalla finestra del suo appartamento. Alla fine, viene arrestato, sotto gli occhi di Grand (che è guarito) e Rieux.

Mentre la città banchetta e si affretta a dimenticare i tragici eventi che l'hanno colpita, Rieux medita da solo in cima a una terrazza: il bacillo della peste non scompare mai del tutto; la felicità degli esseri umani è sempre minacciata.

STUDIO DEL CARATTERE

DR. BERNARD RIEUX

Di circa 35 anni, è un uomo di aspetto medio, di tipo mediterraneo (altezza media, naso regolare, capelli neri), le cui "spalle larghe" e la "mascella sporgente" riflettono la sua forza di carattere e la sua sicurezza (p. 35). È un uomo esemplare: onesto, giusto, coraggioso, intelligente, attivo, efficiente e genuinamente buono. Figlio di un operaio diventato medico, sacrifica i suoi interessi personali per quelli della comunità. Il suo carattere, tuttavia, cambia: se all'inizio del romanzo è solitario e taciturno, a poco a poco si apre alle persone che lo circondano (Grand, Tarrou) e sviluppa alcune amicizie (l'episodio in cui fa il bagno in mare con Tarrou ne segna il culmine).

È "stanco del mondo" (p. 18) e ateo, ma non misantropo: "Ci sono più cose da ammirare negli uomini che da disprezzare". (p. 308) Ossessionato dal suo lavoro (questa feroce lotta quotidiana gli permette di non cedere mai al disfattismo), si sforza di agire piuttosto che di capire l'origine della peste: "L'uomo non può curare e conoscere allo stesso tempo" (p. 209).

Come scrittore apparentemente oggettivo, il narratore, che spesso usa il pronome "noi" (per dimostrare la sua solidarietà con gli oranesi), rivela la sua identità alla fine del romanzo. Per la sua età, la sua origine sociale e geografica e le sue idee, ricorda l'autore stesso.

JEAN TARROU

Jean è un uomo semplice e benestante che si è recentemente stabilito a Orano. I suoi quaderni, che servono come fonte per la storia del narratore principale, lo rendono lo storico dell'insignificanza. Figlio di un avvocato, prende le distanze dalla giustizia e dal padre dopo aver assistito al processo di un uomo condannato a morte (p. 247).

Da attivista politico e rivoluzionario deluso, si rifiuta di ammettere che possiamo sacrificare la nostra vita per difendere una causa superiore. Soddisfatto della sua conoscenza, "so tutto della vita, lo vedi" (p. 251), c'è solo una domanda che ancora lo assilla: se sia possibile o meno essere un santo senza Dio.

GIUSEPPE GRANDE

È un "piccolo impiegato del municipio" (p. 49) piuttosto ordinario, la cui insignificanza e debolezza si riflettono nel suo aspetto generale (il suo nome, sebbene faccia riferimento alle sue grandi dimensioni, è contraddittorio da questo punto di vista). Privo di ambizioni, conduce una vita ordinaria fino all'arrivo della peste, salvo nutrire una passione segreta: scrivere un libro, ma non riesce mai ad andare oltre la prima frase, che riscrive ogni notte, da solo nel suo appartamento. Tuttavia, Rieux lo considera uno di quegli eroi non celebrati, generosi e dediti alla felicità collettiva, le cui azioni discrete e la cui modestia lo rendono un uomo buono.

RAYMOND RAMBERT

È un giovane giornalista parigino inviato a Orano per conoscere le condizioni di vita degli arabi. La guerra civile spagnola (in cui ha combattuto "dalla parte dei perdenti", p. 163) ha un po' intaccato il suo idealismo: "Non credo nell'eroismo; so che è facile e ho imparato che può essere assassino" (p. 163). " (p. 163). Coltiva una felicità più egoistica (più di ogni altra cosa vuole lasciare Oran in ogni modo per trovare la sua ragazza), ma come Grand e Tarrou si evolve e alla fine partecipa al corso di educazione sanitaria, dimostrando la sua solidarietà con gli oranesi.

PADRE PANELOUX

È un predicatore carismatico e dogmatico. Interpreta subito la peste come un avvertimento divino e cerca di vedere la volontà di Dio nella morte di un bambino innocente, seguendo così la logica del "tutto o niente": "Dobbiamo credere a tutto, o negare tutto" (p. 223). La sua fede si affievolisce e diventa sempre più esitante. La sua mancanza di potere e la futilità dei suoi discorsi (che si contrappongono all'azione modesta e discreta di Rieux) lo rendono il simbolo del fallimento del cristianesimo di fronte a un flagello come la peste. Il fatalismo attivo che egli propugna (p. 225) non lo protegge dalla peste e il suo scetticismo nei confronti della scienza (rifiuta di farsi visitare quando si ammala) lo porta dritto alla morte.

COTTARD

Cottard è certamente il personaggio più negativo di questo romanzo. Questo "piccolo uomo rotondo", colpevole di un reato sconosciuto, tenta di impiccarsi all'inizio del romanzo per sfuggire alla giustizia. È debole, "di cuore ignorante, cioè solo" (p. 303), disperato, egoista e vigliacco che si rallegra dell'epidemia di peste: trova consolazione alle proprie sofferenze nelle disgrazie altrui e approfitta dell'isolamento della città per fare affari e vendere generi alimentari di prima necessità a prezzi estorsivi.

Vivendo comodamente di rendita, rifiuta qualsiasi forma di solidarietà che non sia redditizia per lui e finisce per sparare un colpo di pistola sulla folla quando vengono riaperte le porte della città. Tuttavia, il narratore e Grand non riescono ad odiarlo o a provare risentimento per lui (p. 306).

ANALISI

DA CRONACA A TRAGEDIA

All'inizio del racconto, il narratore indica che la storia che ci sta raccontando è in realtà una cronaca. Egli afferma di averla costruita a partire da numerose testimonianze, tra cui gli appunti presi da Jean Tarrou durante l'epidemia. In questo modo, anche se i fatti del romanzo sono fittizi, Camus ha voluto dare loro l'aspetto della realtà.

Lo stile utilizzato rafforza questa sensazione. È freddo, distaccato e monotono. Con l'identità del narratore sconosciuta, la storia è scritta in terza persona singolare, il che le conferisce una certa distanza.

Tuttavia, la struttura narrativa data al romanzo da Camus potrebbe essere più evocativa di una tragedia classica. Infatti, è composto da cinque parti:

- La prima parte consiste nell'esposizione dei fatti: la malattia che colpisce molti topi sembra essersi diffusa tra gli uomini e sta rapidamente diventando un'epidemia;

- La seconda parte si riferisce alla diffusione della malattia (elemento di disturbo) e alle prime misure adottate (chiusura delle porte della città). Scopriamo anche le prime reazioni degli abitanti;

- La terza parte riguarda l'amplificazione della malattia e l'impatto sul morale (depressione e fatalismo). Tutta la città è colpita e questo crea panico. Alcuni cercano di trovare una spiegazione;

- La quarta parte vede la malattia raggiungere il suo apice (nodo della storia). Il dottor Rieux non si arrende. Al contrario, la morte di un bambino lo fa arrabbiare e infonde nuova linfa alla sua lotta;

- La quinta parte vede l'esito della storia. L'epidemia viene fermata e la situazione torna alla normalità.

Camus non rispetta completamente la regola delle tre unità. Sebbene le unità di luogo (una città messa in quarantena) e di azione (la lotta contro l'epidemia di peste) siano incluse, l'unità di tempo è più problematica, poiché il periodo coperto è quello di pochi mesi.

Inoltre, anche se l'epidemia viene fermata, il finale rimane tragico perché il narratore afferma che la malattia non è stata debellata e la felicità degli esseri umani sarà sempre minacciata.

LA PESTE: UN SIMBOLO POLISOMICO

Nell'epigrafe del romanzo, Camus afferma la libertà di un autore nei confronti della storia: "È altrettanto ragionevole rappresentare un tipo di prigionia con un altro tipo di prigionia, quanto rappresentare qualsiasi cosa realmente esistente con quella che non esiste". (Daniel Defoe, scrittore inglese, 1660-1731). Quindi, se la peste non si fosse diffusa in Algeria negli anni '40, l'autore implica che altre malattie simili hanno colpito gli uomini e che la peste dovrebbe essere considerata un simbolo. Inoltre, questo si presta a diverse interpretazioni, a volte molto diverse tra loro. Qui ne citiamo solo quattro: la guerra, la punizione divina, la colpa umana e il male.

La peste = guerra

Il periodo di scrittura (fine 1940-primavera 1942) e di pubblicazione (1947) dell'opera ci permette di comprendere la peste come rappresentazione della guerra. La Seconda Guerra Mondiale ha influenzato gli atteggiamenti e le vite di tutti. Intellettuali e scrittori hanno cercato di comprendere l'evento e si sono posti il compito di scegliere una parte e di essere politicamente "impegnati" (impegno non significa tanto aderire a uno specifico partito politico, quanto difendere una chiara posizione). Si sono svolti accesi dibattiti (ai quali Camus prese parte) all'interno e all'esterno del campo letterario.

Elementi significativi possono essere utilizzati per stabilire un parallelo tra la peste e la Seconda Guerra Mondiale nel romanzo:

- La storia si svolge negli anni '40. Questa data è abbastanza significativa nella storia dell'umanità perché il riferimento alla guerra è chiaro;

- Orano viene subito presentata come una "città chiusa" (è stata costruita con le spalle al mare e le sue porte sono chiuse alla fine della prima parte) che viene invasa dai topi e poi dalla malattia (il romanzo insiste sul termine "invasione", p. 21, p. 72). Questa situazione si riferisce, quindi, alla Francia occupata dall'esercito nazista, chiamata anche "la peste marrone" (per il colore delle uniformi tedesche).

Il narratore sottolinea anche la relazione complessiva tra i due flagelli:

- "Nella storia ci sono state tante pestilenze quante guerre; eppure, sempre pestilenze e guerre colgono le persone ugualmente di sorpresa". (p. 42). Anche le conseguenze sono simili: separazione di famiglie e coppie, fine della libertà di passaggio, decimazione della popolazione, livellamento sociale, sfiducia generale, ecc.;

- Il testo utilizza diversi termini bellici: "vita dei prigionieri" (p. 22, p. 112), "interminabile sconfitta" (p. 131), ecc.

Secondo questa interpretazione, gli sforzi del dottor Rieux e dei suoi amici si riferiscono alla Resistenza in Francia sotto l'occupazione tedesca.

La peste = punizione divina

Nei suoi sermoni, padre Paneloux paragona la situazione di Orano a eventi simili nella Bibbia: il diluvio, la distruzione di Sodoma e Gomorra, le dieci piaghe d'Egitto e la storia di Giobbe. Pertanto, vede la piaga come una punizione di Dio. Il narratore fa talvolta riferimento a questa interpretazione: in particolare, si riferisce alla "pioggia simile a un diluvio" (p. 36) che si è abbattuta su Orano all'inizio dell'epidemia.

Il dottor Rieux, però, confuta il punto di vista di padre Paneloux: quale Dio potrebbe togliere la vita a un bambino innocente? Questo argomento indebolisce la fede del prete: dopo una seconda predica esitante, si ammala e muore rapidamente. La sua morte può simboleggiare il fallimento della sua interpretazione della peste.

La peste = colpa umana

Jean Tarrou considera la peste come una sorta di peccato originale, ma da un punto di vista laico. Questo personaggio si dichiara infatti ateo.

Deluso dalla giustizia e poi dalla lotta rivoluzionaria, perché entrambe giustificano l'omicidio in nome di un ideale superiore, Tarrou finisce per estendere questa colpa all'intera umanità. Secondo lui, ogni persona partecipa direttamente o indirettamente alle società che giustificano l'esecuzione.

Consapevole di questa colpa originaria, Tarrou crede che l'unica cosa che l'uomo possa fare per sfuggire alla vergogna di essere un appestato sia "condannare tutto ciò che, direttamente o indirettamente, per ragioni buone o cattive, uccide o giustifica l'uccisione" (p. 251), ma sa che questa convinzione non è altro che un ideale.

La peste = allegoria del male

La peste può anche essere vista come al di sopra dei mali particolari: diventa, allora, un'allegoria del male in generale, poiché "la sofferenza umana va oltre le contingenze della storia" (Beaumarchais J.-P. e Couty D., *Dictionnaire des grandes œuvres de la littérature française*, p. 962).

Secondo questa interpretazione, la peste appare come un elemento costitutivo della condizione umana. Uno dei volti principali di questo flagello, per il narratore, è la mancanza di solidarietà tra gli uomini. Anche Rieux (più di chiunque altro) e i suoi amici non fanno eccezione: nonostante il livellamento sociale e la crescente disperazione che porta a un certo eroismo, la maggior parte degli oranesi rimane diffidente e preferisce ritirarsi egoisticamente piuttosto che unirsi alla lotta collettiva. Il narratore ci invita a non esagerare l'importanza dell'educazione sanitaria, ma sottolinea che sono questi tentativi, questi sforzi modesti, a contribuire alla grandezza dell'uomo (p. 134-135).

L'ASSURDO E LA RIVOLTA

La peste che colpisce Orano cambia la vita delle persone e le getta nell'Assurdo. Il romanzo riecheggia *"Lo straniero"* e *"Il mito di Sisifo"* mettendo in luce diversi aspetti dell'assurdità della condizione umana:

- L'assenza di Dio. La visione cristiana è messa in discussione dal fallimento di Padre Paneloux, i cui discorsi fatalisti sembrano inutili e insignificanti. La sua attesa è inutile di fronte all'irragionevole silenzio del mondo;

- L'assenza di passato e futuro. La morte (seguita dall'oblio) è l'unico orizzonte possibile per gli uomini, la cui ostinazione a ricordare il passato e a progettare il futuro sembra inutile. Allo stesso modo, dopo qualche tempo, gli Oraniani capiscono di essere bloccati nel presente: "Ostili al passato, impazienti del presente e defraudati del futuro, eravamo molto simili a coloro che la giustizia degli uomini, o l'odio, costringe a vivere dietro le sbarre di una prigione". (p. 77);

- Ragione limitata. Per l'uomo assurdo, il ragionamento è l'unico modo per capire il mondo, ma sa che questo strumento è imperfetto e i suoi tentativi sono inutili. Ne *"La peste"*, il narratore sottolinea l'inutilità delle parole e l'assurdità delle figure. Le persone sono ridotte a inviare telegrammi impersonali e lettere riscritte all'infinito, piene di parole totalmente prive di significato;

- Solitudine. L'uomo assurdo è solo di fronte a un mondo indifferente alle sue lamentele. Ne *"Lo straniero"*, Meursault (l'egocentrico protagonista) non riesce a comunicare con nessuno e si chiude in sé stesso. Ne *"La peste"*, i personaggi si rendono conto solo gradualmente della necessità di vivere insieme.

Sisifo o il compito perpetuo

Colpevole di aver osato sfidare gli dèi, Sisifo viene condannato a far rotolare un masso fino alla cima di una montagna. Il compito è impossibile da portare a termine (prima o poi, il sasso finisce sempre per rotolare di nuovo in fondo alla montagna) e Sisifo compie un lavoro eterno e senza speranza. Per Camus, questo personaggio è l'eroe assurdo per eccellenza.

Ne *"La peste"*, quasi tutti i personaggi principali sono condannati a ripetere la stessa azione:

- Rieux sembra vivere e rivivere costantemente lo stesso giorno, passando da un paziente all'altro;

- Tarrou si scontra con le stesse domande filosofiche;

- Grand continua a riscrivere la stessa frase ogni sera;

- Rambert è condannato a riprendere sempre i passi che dovrebbero consentirgli di lasciare la città, ma la sua partenza è sempre rimandata;

- Gli oranesi riavviano costantemente le lettere che inviano ai loro parenti o coniugi senza sapere se arriveranno a destinazione;

- Ogni giorno la città seppellisce i suoi morti senza sapere quando la peste finirà.

Contrariamente a *"Lo straniero"*, però, qui i personaggi vanno oltre la semplice accettazione dell'assurdità della vita. Rieux riconosce l'assurdità della sua condizione e ammette la probabile vanità della sua battaglia, ma si rifiuta di smettere di combattere:

> *"Dovevamo combattere in un modo o nell'altro e non cadere in ginocchio. La questione era come impedire che il maggior numero possibile di uomini morisse [...]. Per questo, c'era un solo metodo ed era quello di combattere la peste. La verità non era ammirevole, era solo coerente".* (p. 136)

Egli adotta quindi l'atteggiamento del ribelle, che Camus difende nel suo saggio omonimo (1951), con le seguenti caratteristiche:

- Rifiuto del suicidio. Camus rifiuta il suicidio perché "risolve l'assurdo". L'assurdo deve essere mantenuto perché spinge a reagire. Suicidarsi significa abdicare;

- Lucidità. L'uomo deve accettare lucidamente la sua condizione e non correre verso un ipotetico Dio che lo consoli o lo salvi. Rieux, in quanto essere razionale, rifiuta di ricorrere a spiegazioni metafisiche (superstiziose o religiose) per comprendere la peste. Egli basa il suo giudizio su certezze gradualmente acquisite per comprendere il male e combatterlo meglio (a differenza del suo collega, il dottor Richard, p. 234);

- Azione nel presente. Liberati dai vincoli di un futuro impro-babile, l'azione di rivolta degli umani diventa più audace. Dopo aver capito che devono vivere senza sapere se riusci-ranno mai a sfuggire alla peste, gli Oraniani sono disposti a rischiare la propria vita per quella degli altri: Grand, Tarrou, Rambert e molti altri seguono Rieux. Inoltre, egli privilegia l'azione (concreta e ponderata) rispetto alla riflessione teorica "'Ah!', disse Rieux. 'L'uomo non può curare e cono-scere allo stesso tempo. Quindi curiamo il più rapidamente possibile. Questa è la cosa più importante'", p. 209;

- Affermazione di solidarietà e complicità. Il ribelle sfugge alla solitudine (costitutiva dell'assurdo) affermando la sua appartenenza a una comunità e riconoscendo l'ugua-glianza tra gli uomini. Rieux si apre gradualmente agli altri e stringe amicizia. Fin dall'inizio, riconosce che la peste riguarda tutti e cura indifferentemente sia i ricchi che i poveri, gli uomini e le donne, ecc. Alla fine, durante l'arre-sto di Cottard, non può fare a meno di vederlo come una vittima della brutalità della polizia (p. 306).

"La Peste" segna, quindi, un importante sviluppo nell'opera di Camus: egli afferma la possibilità di resistere all'assurdità della condizione umana attraverso l'azione e la solidarietà.

ULTERIORI RIFLESSIONI

ALCUNE DOMANDE SU CUI RIFLETTERE...

- Tra i personaggi, possiamo notare due diverse reazioni alla peste. Quali sono?

- In che modo Rieux è un uomo esemplare e in che modo si oppone a padre Paneloux?

- Tarrou si chiede se sia possibile essere "un santo senza Dio". Perché? Cosa significa la sua domanda?

- Interpretate l'epigrafe del romanzo: "È altrettanto ragionevole rappresentare un tipo di prigionia con un altro tipo di prigionia, quanto rappresentare qualsiasi cosa realmente esistente con quella che non esiste". (Daniel Defoe).

- Nel romanzo, cosa potrebbe indurre il lettore a credere che la peste simboleggi la Seconda Guerra Mondiale?

- Qual è il punto di vista di Tarrou sulla peste?

- Cosa simboleggia la morte di Padre Paneloux?

- In che modo *La peste* richeggia *Lo straniero* e *Il mito di Sisifo*?

- Come possiamo dire che Rieux adotta l'atteggiamento di un "ribelle", come definito da Camus nell'opera omonima?

- Pensate che il libro sia ottimista o pessimista?

- Camus cerca di trasmettere un messaggio o una morale con quest'opera?

ULTERIORI LETTURE

EDIZIONE DI RIFERIMENTO

Camus, A. (1972) *La Peste*. Parigi: Gallimard.

STUDI DI RIFERIMENTO

Beaumarchais, J.-P. e Couty, D. (1997) *Dictionnaire des grandes œuvres de la littérature française*. Parigi: Larousse.

ADATTAMENTI

La peste. (1989) [Opera teatrale]. Francis Huster. Dir. Francia: Théâtre Marigny, Théâtre de Nice.

La peste. (1992) [Film]. Luis Puenzo. Dir. Francia: Compagnie Française Cinématographique.

Vogliamo sapere da voi!
Lasciate un commento sulla vostra biblioteca online
e condividete i vostri libri preferiti sui social media!

www.50minutes.com

Master ISBN: 9782808690041
ISBN cartaceo: 9782808611442
Deposito legale: D/2023/12603/1424

Copertura: © Primento

Concezione digitale a cura di Primento, il partner digitale degli editori.